LES
BUDGETS FUTURS DE LA FRANCE

ET LES IMPOTS NOUVEAUX

PAR

Victor BONNET

Extrait du Journal des Économistes

(Numéro de Novembre 1871).

PARIS

LIBRAIRIE GUILLAUMIN ET Cⁱᵉ, ÉDITEURS

De la Collection des principaux Économistes, des Économistes et Publicistes contemporains
de la Bibliothèque des sciences morales et politiques, du Dictionnaire
de l'Économie politique, du Dictionnaire universel du Commerce et de la Navigation, etc.

RUE RICHELIEU, 14

1871

LES BUDGETS FUTURS DE LA FRANCE

ET LES IMPOTS NOUVEAUX

Extrait du **Journal des Economistes**, novembre 1871

I. L'amortissement durable. — II. Le budget en équilibre.
III. L'impôt sur le revenu.

Il y a six mois lorsque nous sortions à peine d'une guerre désas·
treuse, il était difficile de se rendre un compte exact des charges
financières qui allaient peser sur notre pays ; on ne pouvait faire
que des calculs approximatifs, ceux que nous présentâmes alors (1)
évaluaient les charges à environ huit milliards. Ce chiffre était
assez près de la réalité, il a été adopté par l'illustre président de la
République, faisant pour la première fois devant l'Assemblée
nationale, au mois de juin dernier, l'exposé de notre situation financière. Cependant depuis, à mesure qu'on a pénétré davantage dans
les détails, et qu'on a dû ajouter aux désastres de la guerre étrangère, ceux de la guerre civile, on a pu se convaincre, que les
8 milliards seraient dépassés et que nos charges atteindraient au
moins 8 milliards et demi sinon 9. Jamais pareil fardeau n'était
tombé sur un peuple en si peu de temps, et si nous n'en sommes
pas écrasés, c'est qu'il y a malgré tout en France une grande
vitalité financière. Déjà M. Thiers, dans ce discours, du mois de
juin, avec cette sagacité merveilleuse qui le caractérise, nous
avait donné les plus fortes espérances à cet égard. Il nous avait
montré les sacrifices qui étaient à faire et les ressources que nous

---

(1) Voyez la brochure *Les impôts après la guerre*. Guillaumin, 1871.

possédions. Il en résultait que nous étions en mesure de faire face à tout, seulement on ne savait pas encore par quels moyens on y arriverait, on ne savait pas notamment à quel taux on pourrait se procurer les premiers milliards à payer aux Prussiens, à quelles sources d'impôts nouveaux on aurait recours pour équilibrer nos budgets, et s'il y en aurait d'assez fécondes, pour nous fournir tout ce dont nous aurions besoin.

Nous étions dans la situation d'un malheureux qui vient d'être battu cruellement, il compte ses plaies, les examine et ne sait pas encore quel remède il pourra leur appliquer et s'il en guérira. Aujourd'hui, grâce à Dieu, on commence à voir un peu plus clair; on a plus que les déclarations de M. Thiers, quelque pertinentes qu'elles fussent, on a des faits. Nous avons emprunté avec une facilité incroyable qui a étonné l'Europe et impressionné nos ennemis, une première somme de 2 milliards. Il est vrai que les conditions ont été un peu dures, qu'il a fallu donner de la rente à 6 0/0, lorsque naguère avant nos malheurs, le taux du crédit français variait entre 4 et 4 et demi 0/0. N'importe, il n'en résultait pas moins que notre pays avait conservé toute sa vitalité financière; qu'il possédait toujours de grandes ressources disponibles.

C'était rassurant pour l'avenir, et on pouvait désormais envisager avec calme les charges qui étaient à liquider. Le succès prodigieux du dernier emprunt de la ville de Paris est venu encore confirmer cette confiance. On n'aurait jamais cru qu'après tant de désastres et tant de malheurs, et une suspension presque complète des affaires commerciales pendant un an, on trouverait autant de capitaux, et qu'ils ne seraient pas plus effrayés. Ah ! nous l'avons dit souvent, notre pays est immensément riche, ses épargnes sont considérables; elles égalent presque celles de l'Angleterre; et elles sont mieux réparties, ce qui est une grande garantie pour la cause de l'ordre. Nous manquons peut-être en politique des qualités nécessaires pour nous bien diriger, nous faisons souvent des révolutions, sans motif légitime, et à ce point de vue, notre pays est plus troublé qu'aucun autre, mais, si on dégage les principes sociaux de ceux de la politique, on trouve aussi, qu'il n'y en a pas de plus solidement conservateur. La diffusion très-grande de la propriété sous toutes les formes, y est un rempart invincible contre l'envahissement du communisme et du socialisme. On peut bien prêcher ces doctrines dans les clubs, les étaler dans les journaux, en faire des moyens d'excitations pour la cupidité des uns et l'ignorance des autres, mais aussitôt qu'après une surprise révolutionnaire on veut arriver à la pratique, immédiatement les intérêts conservateurs se soulèvent, les utopistes sont très-vite condamnés à l'impuissance. L'insuccès des journées de juin 1848, si bien préparées, celui de la Commune de 1871, si bien armée, et au milieu du désarroi des forces sociales, sont une preuve convaincante de cette assertion. Jamais la société ne sera sérieusement mise en péril par les doctrines socialistes. Le terrain en France ne leur est pas favorable ; malgré cela, on pouvait craindre qu'après la secousse profonde qu'on venait de subir, la foi dans l'avenir fût un peu ébranlée, et que les capitaux ne fussent plus aussi disposés à répondre à l'appel qui leur serait fait : Il en a été autrement, grâce à Dieu ; non-seulement les capitaux français ont répondu à l'appel, mais les pays voisins eux-mêmes sont venus souscrire à nos emprunts et nous apporter le concours de leurs ressources disponibles. Par conséquent, comme l'a fort bien dit M. Thiers, le crédit de la France est intact, et si elle est obligée d'emprunter à un taux plus élevé que par le passé à cause de ses besoins qui sont très-grands et très-pressants, elle n'en trouve pas moins tout ce qui lui est nécessaire, on a toujours confiance en elle. C'est à la sagesse de notre politique et à une bonne direction financière d'améliorer pour l'avenir les conditions auxquelles on voudra lui prêter.

Du reste, pour ne pas douter de notre vitalité économique et financière, même après nos désastres, on n'avait qu'à comparer notre situation avec celle des Anglais en 1815. Notre dette, comme intérêt et comme capital, va se trouver à peu près la même que celle de nos voisins à cette époque, mais quelle différence dans les ressources ! L'intérêt de la dette anglaise en 1815, sur une population de 18 millions d'habitants, représentait une charge annuelle de 34 shillings, ou 43 francs par tête, et il était de 9 0/0 par rapport au revenu général du pays. L'intérêt de la nôtre aujourd'hui avec une population qui restera encore de près de 37 millions d'habitants, après la distraction de l'Alsace et d'une partie de la Lorraine, sera à peine de 22 francs par tête, et ne représentera que 5 0/0 du revenu total. Et si on ajoute qu'on a aujourd'hui, pour développer la richesse et réparer les désastres financiers, des moyens qu'on n'avait pas jadis, les chemins de fer, la télégraphie électrique, les mines d'or et toutes les applications de la science moderne , on n'a plus à se préoccuper que d'une chose, de savoir si on a fait le meilleur emploi possible de nos ressources, et si on les a utilisées de manière que le présent ne pèse pas trop sur l'avenir et supporte à lui seul les charges exceptionnelles qu'il a fait naître, s enfin, nos budgets futurs seront bien en équilibre. Telles sont les questions qu'on se propose d'examiner dans ce travail.

I

D'abord, on a suivant nous commis une faute grave, en empruntant en rentes perpétuelles les deux premiers milliards à payer aux Prussiens. On en a donné pour raison qu'on était dans une situation difficile, qu'on ignorait quel serait le crédit de l'État après tant de désastres; qu'il ne fallait rien livrer au hasard et que la prudence conseillait de suivre la voie la plus connue, celle qui était indiquée par la haute Banque, et qui paraissait le plus en faveur à la bourse; le gouvernement voulant mettre toutes les chances favorables de son côté. — On ne peut que respecter ces scrupules, cependant il y a des innovations qu'il faut oser faire, lorsqu'elles sont utiles qu'elles n'ont rien de téméraire et que d'ailleurs elles ont été expérimentées dans d'autres pays, qu'elles le sont même tous les jours sous nos yeux, en France. Chose singulière, nous sommes en politique le peuple le plus imprudent qui existe; nous passons volontiers d'un extrême à l'autre; du despotisme à la République; nous nous plaisons à essayer des choses impossibles, à courir toutes les aventures, et quand il s'agit de rompre un peu avec nos habitudes sociales, économiques ou financières, nous opposons une résistance incroyable.

Depuis longues années on pratique à côté de nous et avec succès l'enseignement gratuit et obligatoire, il a produit des merveilles. On a eu beau nous les indiquer, nous avons fait la sourde oreille et rien n'a changé chez nous. — Il en a été de même du service militaire obligatoire pour tous. On a vu les bons effets qu'il avait en Prusse et qui se sont traduits par l'élévation du niveau moral de l'armée, par une discipline meilleure et en même temps par la possibilité de mettre sur pied au premier appel des masses d'hommes considérables, parfaitement instruites et exercées. Ces résultats nous ont été signalés dans les rapports qui venaient d'Allemagne, on nous montrait l'organisation de l'armée prussienne comme très-puissante, rien ne nous ébranlait, nous sommes restés attachés à notre ancien système, et la dernière loi militaire de 1867, qui avait pour but de le modifier, était restée à peu près lettre morte; on n'osait pas l'appliquer de crainte d'impopularité. Il a fallu la secousse violente que nous venons de subir pour mettre en faveur ces deux idées de l'enseignement gratuit obligatoire et du service militaire imposé à tout le monde, et encore sont-elles très-vivement discutées par beaucoup de personnes. Eh bien, c'est le même esprit de routine qui empêche les améliorations financières. Depuis longtemps déjà l'Angleterre a abandonné le système des emprunts en rentes perpétuelles. Elle a fait la guerre de Crimée et dépensé comme nous plus de 1700 millions, elle en a demandé courageusement la moitié à des impôts nouveaux et le reste à des emprunts en annuités, remboursables à court terme. Ces annuités sont aujourd'hui éteintes et la dette anglaise est moindre qu'avant la guerre. Les États-Unis nous fournissent un exemple encore plus frappant ; ils ont dépensé 15 milliards en quatre ans pour la guerre de sécession, ils s'en sont procuré la plus grande partie avec des bons remboursables à court terme, et ils n'ont pas craint pour rendre l'amortissement plus rapide, d'imposer toutes choses. — Chaque année ils consacrent à cet amortissement 500 millions, et après cinq ans seulement, depuis la fin de la guerre ils ont déjà tellement diminué leurs charges, et leur crédit s'est si fort amélioré, qu'ils peuvent faire remise d'une partie des impôts et trouvent à emprunter à des conditions inespérées pour convertir leur dette. Cet exemple est instructif à tous les points de vue. Avant la guerre de sécession, lorsqu'il n'y avait pour ainsi dire pas de dette, l'union fédérale n'aurait pu emprunter à moins de 6 ou 7 0/0, c'était le taux général de son crédit, elle accumule tout à coup une dette de 15 milliards et elle trouve aujourd'hui des capitaux à 5 0/0 et même à 4 0/0 suivant qu'elle diffère l'époque de remboursement ; la confiance en elle est telle, que l'on consent à lui prêter à un taux d'intérêt moindre pour en jouir plus longtemps. C'est le contraire de ce qui a lieu pour les États dont la solvabilité est suspecte, l'intérêt est d'autant plus élevé que l'époque de remboursement est éloignée ; la raison en est qu'on entrevoit le moment en Amérique où il n'y aura plus de dette, et on est pressé de se procurer un fonds si bien garanti. Pourquoi ne s'est on pas inspiré de ces exemples ? La crainte de ne pas réussir en émettant des obligations remboursables était purement chimérique. Nous n'en sommes pas nous-mêmes à faire le premier essai de ce genre d'emprunt. Chaque année depuis près de vingt ans, les compagnies de chemin de fer réalisent sous cette forme très-aisément de 4 à 500 millions. Les compagnies étrangères font de même aussi sur notre marché, et celle des Lombards notamment a placé, il y a quelques années avec une grande facilité, des bons remboursables dans une période de dix ans au plus. Enfin la ville de Paris qui, hélas ! est devenue beaucoup trop besogneuse, n'emprunte pas autrement. Elle doit aujourd'hui plus d'un milliard et demi en annuités à échéances diverses ; par conséquent le moyen de l'emprunt en obligations était parfaitement connu en France, très-apprécié, et on ne pouvait pas douter du succès, si on l'adoptait. On se serait procuré les 2 milliards tout aussi facilement, et le résultat eût été très-différent pour l'avenir.

D'après le langage de M. Thiers et le projet de budget, 200 millions doivent être consacrés chaque année à l'amortissement de la dette que l'État a contractée vis-à-vis de la Banque de France, et qui pourra s'élever à 1,550 millions; cet amortissement est assurément très-considérable et s'il devait durer longtemps, il diminuerait beaucoup notre dette et produirait un grand allégement dans notre situation financière; mais qui oserait espérer qu'il durera au-delà du remboursement de la dette de la Banque? si même il dure jusque là. Il faudra un grand courage pour maintenir ensuite chaque année un amortissement aussi important, lorsqu'on ne s'y croira plus obligé, et qu'on devra en demander le montant à des impositions extraordinaires. On examinera alors, s'il ne serait pas mieux de le faire cesser et de diminuer les impôts. On se rappellera les exemples du passé; et comme à ce moment peut-être la rente sera au-dessus du pair, ce sera une raison de plus pour ne plus continuer à la racheter. On aura encore le prétexte des grands travaux publics pour détourner les fonds destinés à l'amortissement, et enfin il ne restera plus pour réduire la dette que le moyen de la conversion; mais c'est là, toujours une opération délicate et qui exige pour être tentée avec des chances de succès, que le taux des fonds qu'on veut convertir dépasse de beaucoup le pair. Nous n'en serons pas là de sitôt, avec les emprunts qui restent encore à faire, et en attendant nous demeurerons grevés de charges écrasantes. Si, au lieu d'émettre des rentes perpétuelles, on avait emprunté avec charge de remboursement, à plus ou moins court délai, l'amortissement devenait obligatoire, on ne pouvait plus le suspendre sans manquer à ses engagements, sans faire banqueroute. C'était une dette au même titre que le paiement des arrérages.

Il y a un vieux proverbe qui dit : qu'on s'enrichit en payant ses dettes; il est applicable aux États comme aux particuliers. Une somme plus ou moins considérable employée chaque année à se libérer de ses engagements a des résultats énormes. Ce ne sont pas seulement ces engagements qui diminuent jusqu'à due concurrence; c'est le crédit de l'État qui s'en ressent d'une façon extraordinaire. Nous citions tout à l'heure l'exemple des États-Unis qui trouvent à emprunter avec une dette qui est encore après tout de 12 à 13 milliards, à des conditions meilleures que lorsqu'ils ne devaient presque rien. C'est la conséquence des 5 à 600 millions qu'ils affectent chaque année à l'amortissement. Ces 5 à 600 millions sont immédiatement en quête de nouveaux placements et comme ils n'en trouvent pas de plus solides que sur l'État, ils sont disposés à faire à celui-ci des conditions plus favorables. Or, le crédit de l'État, si on nous permet cette expression, c'est dans tout pays, et particulièrement en France, le remorqueur des autres crédits, plus il s'élève et plus montent avec lui ceux des diverses entreprises industrielles et commerciales ; plus il en résulte d'activité pour les affaires. C'est le cas de reproduire la belle image de Turgot sur l'influence féconde de l'abaissement du taux de l'intérêt : « On peut regarder, dit-il, le prix de l'intérêt comme une espèce de niveau, au-dessous duquel tout travail, toute culture, toute industrie, tout commerce cessent. C'est comme une mer répandue sur une vaste contrée ; les sommets des montagnes s'élèvent au-dessus des eaux et forment des îles fertiles et cultivées. Si cette mer vient à s'écouler, à mesure qu'elle descend, les ter-, rains en pente, puis les plaines et les vallons, paraissent et se couvrent de productions de toute espèce. Il suffit que l'eau monte ou s'abaisse d'un pied pour inonder ou rendre à la culture des plages immenses. C'est l'abondance des capitaux qui anime toutes les entreprises, et le bas intérêt de l'argent est, tout à la fois, l'effet et l'indice de l'abondance des capitaux. » Supposons qu'en France nous puissions continuer, pendant vingt ans, l'amortissement de 200 millions par an, qui sera destiné à rembourser la Banque de France, non-seulement la moitié de notre dette se trouverait éteinte, mais bien avant le temps où elle le serait, le taux de notre crédit aurait remonté à 4 0/0 comme il était avant la guerre. Il est d'autant plus important pour nous qu'il en soit ainsi, que l'intérêt bon marché compte aujourd'hui parmi les forces qui assurent la prédominance commerciale. En Angleterre les besoins de l'ouvrier sont très-grands, le prix de la main-d'œuvre est élevé, ce serait pour le pays une cause d'inférorité sérieuse vis-à-vis des autres nations, s'il ne parvenait à la combattre par l'abondance et le bon marché des capitaux. En France, la main-d'œuvre est aussi assez élevée et nous manquons d'une bonne organisation pour produire à bas prix. Si à ces inconvénients vient s'ajouter encore la cherté des capitaux, c'en est fait de notre expansion au dehors, nous ne pourrons plus lutter contre nos voisins. Il est donc, je le répète, de la plus haute importance que nous fassions tout ce qui est en notre pouvoir pour améliorer le taux de notre crédit, il y va de notre avenir industriel et commercial. En restant avec une dette de plus de 20 milliards en capital et de 850 à 900 millions en intérêts annuels, nous laissons peser sur les affaires un poids qui les écrasera et les empêchera de prendre tout le développement qu'elles devraient avoir. Il faut espérer qu'on se pénétrera enfin de ces idées quand il s'agira de se procurer les 3 milliards qui restent encore à payer.

L'emprunt en rentes perpétuelles est un système suranné, il est condamné par tous les bons esprits, abandonné par les meilleurs gouvernements, et il n'est plus en rapport avec les ressources financières dont dispose notre pays. Il n'a aujourd'hui de partisans que parmi ceux qui y trouvent leur profit.

Ceci dit, voyons comment on se propose d'équilibrer nos budgets; nous ne parlons pas de celui de 1871. Il est dans des conditions tout à fait anormales, et ne peut se solder qu'au moyen de ressources extraordinaires. Sur 3 milliards 149 millions auxquels il s'élève en recettes, 1 milliard 507 millions lui sont fournis par les reliquats des divers emprunts, indépendamment des 200 millions qu'on se réserve de demander encore à la Banque de France, et qui lui profiteront. Malgré cela, il n'arrive pas à l'équilibre; il lui manquera 57 millions, selon les prévisions de M. Casimir Périer, dans le très-remarquable rapport qu'il vient de publier au nom de la commission du budget. Mais, peu importe, si le déficit n'est pas couvert par les annulations de crédit en fin d'exercice, il sera supporté par la dette flottante qui, grâce à tous ces emprunts, se trouve ramenée à un chiffre modéré. On n'a pas à s'en préoccuper, et personne ne s'avisera de juger notre situation financière sur le budget de 1871. Il en sera tout autrement pour celui de 1872, il faut que celui-ci se présente en équilibre, avec des ressources régulières et parfaitement assurées, sinon notre crédit en souffrira. La prudence commanderait donc de bien calculer d'avance toutes nos dépenses et d'y pourvoir largement; si on croit, par exemple, que 550 millions de ressources nouvelles seront nécessaires, il ne faut pas craindre d'en demander 600 et même 650. M. Thiers, dans son discours du mois de juin, évaluait à ce chiffre de 550 millions nos besoins extraordinaires, en y comprenant les 200 millions à rembourser à la Banque. Il comptait, il est vrai, sur 120 millions d'économies pour les atténuer; il a été démontré depuis par toutes sortes de raisons qu'il serait trop long d'indiquer, que les économies se réduiraient à très-peu de chose. Par conséquent, les 550 millions des ressources nouvelles seront indispensables. Le gouvernement cependant n'en demande que pour 488. La commission du budget en alloue, il est vrai, pour 531, mais ce dernier chiffre sera encore très-insuffisant.

Il faut songer à deux choses : à l'imprévu dans les dépenses et au mécompte dans les recettes. L'imprévu dans les dépenses sera peut-être moindre qu'il n'était autrefois, mais il existera toujours dans une certaine mesure. Il eût été sage de s'en préoccuper. Quant au mécompte dans les recettes, il est d'autant plus probable que nous sommes en présence d'augmentations d'impôts. On aurait dû réfléchir qu'en pareil cas 2 et 2 font rarement 4; qu'ils ne font souvent que 3 1/2, quelquefois même 3 seulement. En 1860, lorsqu'on proposa une première augmentation sur le droit des tabacs, on s'attendait à une plus-value de 33 millions, elle ne fut la première année que de 26 ; les alcools qui avaient été aussi surtaxés ne donnèrent que 19 millions de surplus au lieu de 24 qu'on espérait. Et il ne s'agissait que d'augmentations de taxes qui étaient relativement minimes à côté de celles qu'on établit aujourd'hui. Qui oserait garantir, par exemple, qu'on aura les 130 millions qu'on demande de plus aux contributions indirectes proprement dites, que les sucres, les cafés et autres fourniront immédiatement les 102 millions d'accroissement qu'on espère, et qu'enfin le mouvement de la poste ne subira pas de ralentissement par suite de l'aggravation de tarif qu'on fait peser sur les lettres et qui est plus sensible encore en ce qui concerne les envois d'argent, d'échantillons et d'imprimés? On devra s'estimer bien heureux si, sur ce dernier chapitre notamment, on n'éprouve pas une grave déception. Croit-on encore que les alcools eux-mêmes, très-légitimement surtaxés, produiront en raison de l'augmentation qui les frappe? S'il en était ainsi, il faudrait déclarer, malgré l'exemple de l'Angleterre, que les diminutions de taxes sont sans influence aucune pour développer la consommation, et qu'on peut impunément faire toutes les augmentations qu'on veut. On aura donc des mécomptes. Il eût été prudent de les prévoir et de se munir d'une réserve. Le but essentiel à poursuivre aujourd'hui c'est l'équilibre du budget. Qu'on examine la situation des pays qui depuis longues années ont des déficits : celle de l'Italie, de l'Espagne, de l'Autriche; ils ne peuvent emprunter qu'à 7 et 8 0/0. Voulons-nous que notre crédit soit à ce taux et que nous ne puissions non plus nous procurer d'argent qu'à de telles conditions? Sans doute il est très-douloureux d'avoir à supporter des charges très-lourdes, de les voir s'augmenter encore pour parer aux éventualités ; mais, comme les éventualités sont très-probables et que le dommage qui résulterait pour nous d'un définit ne serait pas compensé par les 50 ou 100 millions de moins que les contribuables auraient à payer, il n'y a pas à hésiter. Il faut à tout prix avoir un budget en équilibre. Le pays est résigné d'avance à tous les sacrifices qu'on lui imposera, seulement il veut qu'ils soient efficaces. L'effet moral ne sera pas plus mauvais si on lui demande 650 millions d'impôts nouveaux que si on se borne à en exiger 550. Tandis que si plus tard, après avoir reconnu l'insuffisance des ressources, on veut y remédier en créant de nouvelles taxes, on l'irritera profondément. Le mieux serait donc de faire de suite ce qui est nécessaire et d'avoir dans la suite plutôt à diminuer les impôts qu'à les augmenter.

II

Sur les 531 millions de taxes nouvelles proposées par la commission, on en a déjà voté pour près de 400 millions ; mais on l'a fait avec un peu de précipitation, sans avoir étudié suffisamment la matière. Ainsi on demande 2 millions 1/2 à une nouvelle taxe sur les voitures, 2 millions aux abonnements aux cercles ; on impose également les billards. Il peut y avoir une satisfaction populaire à ce que les jouissances de luxe soient atteintes, mais encore faut-il qu'il n'en résulte pas plus de trouble que de profit. Déjà on avait établi une taxe sur les voitures il y a quelques années, on a été obligé d'y renoncer, parce qu'elle produisait peu et que la perception en était difficile. Réussira-t-on mieux cette fois ? Cela n'est pas sûr. En Angleterre aussi on avait imposé toutes les jouissances de luxe ; il y avait des taxes spéciales sur les voitures, les chiens de chasse, les domestiques mâles, les armoiries, la poudre ; on a trouvé que, même dans ce pays très-riche, elles étaient peu productives et donnaient lieu à beaucoup de difficultés. On est en train de les abandonner et on en a déjà supprimé la plus grande partie. Mais ce qu'il y a de plus fâcheux dans les surtaxes déjà votées, c'est le nouveau décime qu'on a cru devoir ajouter à l'impôt de mutation sur les immeubles. Cet impôt, qui est dès aujourd'hui de plus de 6 0/0, a des effets déplorables ; il paralyse les transactions immobilières, empêche les capitaux de se porter sur la terre et par suite vers l'agriculture ; il altère le sens moral de la nation par le peu de scrupule que l'on met à tromper le fisc. Il n'existe nulle part à un taux aussi élevé que chez nous ; on le connaît à peine dans les pays qui tiennent à honneur de suivre les véritables principes économiques. On a donc été très-mal inspiré en l'aggravant, et si cette aggravation amène, ce qui est à craindre, un ralentissement dans les transactions, si elle augmente la fraude, le fisc perdra plus qu'il ne gagnera. On peut critiquer, de même, la surélévation du droit qui atteint les communications postales. On l'a dit justement, frapper la poste, c'est frapper un instrument de travail. Qu'y a-t-il, en effet, de plus fécond pour le développement des affaires, que la facilité des communications, c'est par elle que tout commence. Les Anglais l'ont si bien compris, qu'ils ont abaissé à 10 centimes la taxe des lettres, ce qui a produit chez eux des résultats merveilleux. Mais ce qui est plus significatif encore, c'est l'exemple donné par les Américains. Dans ce pays, où tout a été surtaxé depuis la guerre de sécession, le tarif de la poste est resté le même, à 15 centimes pour toute l'Union. Cet exemple aurait dû nous faire réfléchir et nous montrer qu'il n'est pas aussi simple qu'on l'imagine d'augmenter les droits de la poste. Toutes ces taxes ont été, je le répète, mal étudiées, on aurait gagné à les soumettre à une enquête minutieuse, au risque de n'en faire commencer la perception qu'au 1ᵉʳ janvier prochain, les 120 millions qu'elles doivent produire cette année ne sont rien à côté des embarras qu'elles peuvent faire naître.

Mais la grosse difficulté est surtout dans les impôts qui ont été ajournés, et au sujet desquels la Commission ne s'est pas trouvée d'accord avec le Gouvernement. Celui-ci, on le sait, propose un droit de douane de 20 0/0 sur les textiles, les matières premières et sur les fabrications étrangères. Ce projet, aussitôt qu'il a été connu, a soulevé de nombreuses et très-vives réclamations; les uns y ont vu un retour au système protecteur; les autres une charge énorme pour notre industrie. C'est sous ces impressions que la Commission du budget l'a étudié elle-même; et, bien qu'elle n'eût pas de parti pris, qu'elle ne fût en principe ni pour le libre-échange, ni pour la protection, elle n'a pas cru devoir adhérer aux propositions du Gouvernement : elle leur reproche d'abord d'être impraticables. En taxant les matières premières d'un droit de 20 0/0, on n'a pas l'idée de nuire à l'exportation étrangère. Il faudra donc trouver moyen d'affranchir du nouvel impôt les fabrications destinées au dehors. Quel sera ce moyen? Sera-ce le draw-back, c'est-à-dire la restitution à la sortie des droits perçus, ou l'admission temporaire sans droits, à condition de réexportation sous un contrôle plus ou moins sérieux? Ces deux moyens sont condamnés par la pratique; ils sont inefficaces l'un et l'autre, et donnent lieu à des fraudes considérables. L'admission temporaire a été essayée depuis le traité de commerce pour certains produits, on a dû la suspendre à cause des abus qu'elle entraînait. Quant au draw-back, on le comprend lorsque le poids et la valeur de la valeur première se reconnaissent facilement dans le produit fabriqué qui est destiné à l'exportation. Mais comment faire lorsqu'il y a plusieurs matières premières, qu'elles sont mélangées dans des proportions diverses, et que même elles ont disparu complétement dans la fabrication, telles que les huiles de teintures et les produits chimiques? Il y a là une source d'erreur et de fraude à l'infini. On est en présence d'un inconnu qui peut apporter le plus grand trouble dans notre industrie.

D'autre part, nous sommes liés par des traités de commerce avec les nations voisines, et des articles de ces traités nous interdisent précisément de taxer les matières premières et les fabrications étrangères. Il faudra donc négocier avec ces nations, et obtenir d'elles qu'elles considèrent des droits de douane de 20 0/0, comme une compensation des taxes intérieures, et comme n'ayant qu'un caractère fiscal. Cela pourrait, à la rigueur, être admis pour les matières qui n'ont pas de similaire en France. Mais il ne sera pas possible de le faire accepter pour les produits qui dérivent de la soie et de la laine. Une taxe de 20 0/0 sur les fabrications étrangères où entrent ces matières serait bien évidemment un droit protecteur pour nos tissus de laine et de soie. Ce serait le renversement des principes et des intérêts réciproques sur lesquels reposent les traités, il est douteux que les étrangers se prêtent aisément à ces modifications. Enfin, soit que le droit de 20 0/0 sur les matières premières ait pour effet de nuire au commerce extérieur, ou de gêner la fabrication intérieure, il est également fâcheux et tend à paralyser le mouvement des affaires, « d'où dépend, comme l'a très-bien fait remarquer M. Casimir Périer, la reconstitution du capital national, si rudement entamé par les dépenses de la guerre et par l'énorme rançon que nous avons à payer. » Du reste, toutes ces objections contre le système du Gouvernement ont déjà été présentées tant de fois, qu'il est inutile d'insister davantage. — Reste à savoir maintenant ce qu'on peut mettre à la place, car nous sommes dans la situation de ne pouvoir repousser un système d'impôts qu'à la condition d'en proposer un autre tout aussi productif. Le Gouvernement espérait 170 millions de son impôt sur les douanes, la Commission lui garantit la même somme d'une autre manière, d'abord par ses taxes sur les choses de luxe; par un nouveau 10e sur le trafic des chemins de fer; par une augmentation du droit de transmission sur les valeurs mobilières, le tout devant produire une quarantaine de millions. Elle demande ensuite 50 millions à un droit de 3 0/0 sur toutes les importations, après en avoir exempté toutefois les céréales, les houilles, et certaines denrées surtaxées dernièrement. Les 80 autres millions seraient fournis par un impôt *sur les revenus*, que la Commission cherche à distinguer de l'*income-tax*.

Cet impôt de 3 0/0 sur les importations a soulevé encore des objections : il n'a point paru exempt de toute idée de protection. — Il aurait mieux valu, assurément, qu'on pût s'en passer; mais quand on est dans la situation où nous sommes, en présence de charges aussi considérables, il faut s'affranchir un peu de la rigueur des principes. — En définitive, tous les économistes reconnaissent qu'on on est parfaitement autorisé à faire des douanes un élément de recettes pour le Trésor. La libérale et libre-échangiste Angleterre en tire chaque année 550 à 560 millions; elles ne produisent chez nous que 150 ! — On peut donc légitimement leur demander 50 millions de plus. — L'essentiel est que la taxe soit modérée et ne puisse nuire sérieusement à notre industrie. Or, en étant à 3 0/0, elle ne peut pas avoir de conséquences bien graves : elle ne perd point son caractère fiscal, et sera facilement admise par les étrangers. La question la plus délicate est celle de l'impôt sur les revenus. — Avant d'en arriver là, la Commission a eu à examiner une masse de propositions qui avaient toutes pour but d'atteindre, sous des formes diverses, soit le mouvement commercial, soit les revenus. De ces propositions, les unes pouvaient être discutées, les autres ne méritaient pas même l'examen. La Commission les a rejetées toutes, et s'est rattachée à une seule émanant de l'initiative de son rapporteur lui-même, M. Casimir Périer, et qui est l'impôt *sur les revenus*.

III

On se demandera d'abord si cette proposition les comprend tous, aussi bien ceux qui proviennent de la terre que de l'industrie, et même que les salaires. Car, dans le sens large et exact, tous les moyens d'existence sont des revenus. — Si elle ne les comprend pas tous, et elle fait en effet de grandes exceptions : ce n'est plus un impôt sur *les revenus*, mais sur *certains revenus*. Or, peut-on légitimement frapper les uns et épargner les autres? Telle est la première question qui se pose, non-seulement au point de vue de l'équité, mais à celui des bons résultats financiers qu'on doit attendre de la mesure.

Une opinion généralement admise, et qui sert de point de départ à toutes les propositions de ce genre, est que la propriété mobilière n'est pas suffisamment imposée, qu'elle ne prend pas, en raison de son développement, la part qu'elle devrait avoir dans les charges qui pèsent sur le pays. Si on fait notamment la répartition des taxes directes qui s'élèvent à près de 600 millions, on trouve que les 2/3 frappent la fortune immobilière, 1/3 au plus la fortune mobilière, et que, dans les taxes indirectes, la première supporte encore les droits de mutation, qui produisent environ 140 millions. — Il est incontestable que la fortune immobilière est plus imposée que l'autre. Toutefois, on ne se rend pas un compte bien exact de la part que la seconde prend dans les charges publiques. On ne voit que la contribution directe. Or, la fortune mobilière est surtout atteinte par la contribution indirecte, et c'est elle qui a fait les frais exclusifs de toutes les augmentations de dépenses qui ont eu lieu depuis quarante ans. Sur 735 millions qui formaient le budget de l'État en 1815, 357 millions 1/2 étaient payés par les impôts directs, et le reste ou 376 millions 1/2 par les taxes indirectes. La division se trouvait être à peu près par moitié. En 1871, sur un budget fixé primitivement, avant la guerre, à 2 milliards 77 millions, comprenant les dépenses générales et spéciales, 582 millions seulement devaient être supportés par les contributions directes, et le reste, sauf 170 millions, pour les recettes qui n'ont pas le caractère d'impôt, pesait sur les contributions indirectes ; c'était plus des 2/3.

Mais on n'a pas encore, avec ces chiffres, le compte précis des charges qui incombent, soit à la fortune mobilière, soit à la fortune immobilière. En voici d'autres qui feront apprécier les choses plus exactement. D'après ce projet de budget de 1871, s'élevant à 2 milliards 77 millions, et qu'on peut réduire à 1,900, après en avoir défalqué certaines recettes spéciales, la propriété immobilière supportait : 1° 320 millions pour la contribution foncière, tant en faveur de l'État qu'en faveur des départements et des communes ; 2° 58 millions pour la taxe des portes et fenêtres ; 3° 142 millions pour l'impôt de mutation. En tout, 520 millions. Elle prenait en outre, dans les contributions indirectes, une part proportionnelle à son importance. Quelle était cette part ? En 1851, la statistique officielle avait estimé à 3 milliards le revenu de la fortune immobilière ; il n'est pas téméraire de supposer, avec le mouvement de prospérité qui a eu lieu depuis cette époque, que ce revenu s'est bien accru d'un quart ; il serait donc aujourd'hui d'environ 4 milliards ; et si celui de tout le pays sur lequel se prélèvent les impôts est de 16 milliards, ce qui est l'assertion la plus probable, elle payerait encore le quart des impôts indirects, soit 250 millions sur 1 milliard, auquel s'en élève environ le produit. La propriété immobilière supporterait, soit directement, soit indirectement, 750 millions de taxes, et il resterait à la charge de la fortune mobilière : 1° l'impôt des patentes, de 110 millions ; 2° le droit de transmission des valeurs mobilières, d'une trentaine de millions ; 3° les 3/4 de l'impôt indirect, ou 750 millions. En tout, 890 ou 900 millions. Mais il faut réfléchir que, sur les 12 milliards du revenu brut, qui sont attribués à la seconde, le salaire et les petits traitements qui font à peine vivre ceux qui les reçoivent, et qui, à ce titre, méritent des ménagements tout particuliers, figurent pour une somme considérable, peut-être pour la moitié. Il y aurait donc tout au plus 6 milliards de revenus mobiliers, qui devraient entrer en discussion, et dont les charges pourraient être comparées à celles de la fortune immobilière. Ce sont ces 6 milliards, sur lesquels pèsent déjà exclusivement les 140 millions de l'impôt des patentes et des transmissions mobilières, et les 6/16ᵉˢ des impôts indirects, ou 380 millions ; en tout 520 millions ; c'est-à-dire que la fortune mobilière paye environ 10 0/0 de son revenu, tandis que l'autre en paye 17 à 18. La différence est grande, assurément, mais elle s'explique par bien des raisons.

D'abord, le revenu immobilier est beaucoup plus stable que le revenu mobilier : il a plus d'avenir. Si on calcule ce qu'il était au commencement du siècle, et ce qu'il est aujourd'hui, on trouvera qu'il a pour ainsi dire quadruplé ; et cependant les impôts qui le frappent vis-à-vis de l'État n'ont pas augmenté ; ils ont au contraire été allégés à plusieurs reprises. La fortune immobilière, aujourd'hui, avec un revenu de 4 milliards, paye moins au Trésor public qu'en 1791, lorsque son revenu était évalué à 1,200 millions. Il est vrai que les diminutions ont été compensées, et au delà, par des taxes supplémentaires au profit des départements et des communes, par ce qu'on appelle les centimes additionnels, mais ces centimes sont, pour les localités qui les acquittent, plutôt un placement qu'un impôt. Qu'y a-t-il de plus efficace pour donner de la valeur aux propriétés territoriales, pour leur faire rendre davantage, que la création des routes départementales, des chemins vicinaux, que la fondation même et l'entretien des écoles ; car c'est là la destination principale des centimes additionnels. C'est absolument comme un négociant qui emploierait une certaine portion de son revenu à s'ouvrir des débouchés et à développer l'intelligence de son personnel ; il ferait assurément une excellente affaire ; c'est là une grave considération qu'on oublie toujours lorsqu'on compare les charges qui pèsent sur la propriété immobilière, avec celles qui frappent la propriété mobilière. Si on faisait la défalcation des centimes additionnels, et il faudrait la faire pour être juste, la différence ne serait plus aussi grande.

Maintenant cette différence s'explique encore par une raison décisive, et c'est celle-là surtout que les législateurs et les financiers doivent avoir en vue. Le capital mobilier n'est pas comme la terre fixé indéfiniment à la disposition du fisc pour que celui-ci en tire ce qu'il veut. Si l'État impose trop la terre il a tort assurément, et il nuit à l'agriculture ; mais la terre reste, elle subit quand même la rançon qu'on lui demande, et le trésor n'est pas trompé dans ses espérances. Il en est autrement avec le capital mobilier ; celui-ci est de sa nature un peu cosmopolite, s'il trouve qu'on le charge trop, il s'en va ; le fisc perd alors non-seulement le revenu qu'il en attendait directement, mais la plus-value que la présence du capital et son emploi dans les affaires donnaient à toutes choses et particulièrement aux revenus indirects. On a été frappé de l'élasticité de ces revenus depuis vingt ans, et de leur augmentation considérable. Si on veut bien en chercher les causes principales, on en trouvera une dans la franchise dont ont joui jusqu'à ce jour les capitaux en France. Notre marché était devenu, presque à l'égal de celui de Londres, le marché du monde entier pour la négociation des entreprises financières. Voilà ce qu'a produit dans le passé le traitement favorable appliqué chez nous aux capitaux mobiliers. Sait-on ce que produiront dans l'avenir les taxes dont on veut les charger spécialement? Il y a là un inconnu devant lequel tout esprit financier, tont homme réfléchi doit hésiter beaucoup. La Hollande était autrefois, comme la France, comme l'Angleterre, le lieu où se concentrait la plus grande partie des capitaux, il en résultait pour elle une grande prospérité. Mais ce pays eut aussi un beau jour l'idée de les imposer; il les soumit d'abord à une taxe proportionnelle, puis à une taxe progressive; ceux-ci s'effrayèrent, disparurent, et avec eux une notable partie de la population. Ce fut pour la Hollande, au point de vue financier, le commencement de sa décadence. La taxe progressive sur les capitaux mobiliers produisit chez elle l'effet qu'avait eu chez nous la fameuse révocation de l'édit de Nantes. Le pays fut privé de ses habitants les plus riches et les plus industrieux. En parcourant dernièrement un projet de révision de taxes pour l'état de New-York, nous lisions que dans celui de Pensylvanie, il y a quelques années, les propriétaires de terre et de maisons se plaignaient de ne plus trouver de capitaux; la raison en était qu'on avait établi un impôt assez élevé sur les *mortgages* ou hypothèques, et alors, plutôt que de le subir, les capitaux s'en allaient dans les états voisins, où ils en étaient exempts. La taxe fut rappelée, et on peut remarquer qu'aujourd'hui aux États-Unis au milieu de ces taxes nombreuses et fortes qui atteignent tous les objets de consommation, qui, suivant l'expression d'un contemporain, frappent l'homme dans tout ce qui lui est nécessaire depuis le berceau jusqu'à la tombe, les capitaux circulant, ceux des banques et des chemins de fer sont les moins imposés. Enfin l'Angleterre, qui a une dette de 20 milliards, comme nous, et où la fortune mobilière est encore plus importante qu'en France, n'a jamais songé à imposer les capitaux autrement que par une taxe générale sur le revenu. Et pourquoi ne l'a-t-elle pas fait? parce qu'elle a senti que c'était le principal élément de sa richesse, celui qui mettait tout en mouvement, et que l'imposer particulièrement ce serait en diminuer la force; il faut avant tout favoriser le développement de la prospérité; c'est pour cela que les nations intelligentes modifient leurs droits de douane, affranchissent les matières premières, et écartent les impôts qui pourraient rendre la production trop coûteuse. En frappant les capitaux mobiliers d'une taxe spéciale, on marche à contre-sens du progrès, et on neutralise le bon effet des autres mesures, car dans la production économique, je le répète, l'abondance et le bon marché des capitaux jouent le principal rôle. Voilà les raisons qu'on peut donner pour expliquer la différence qui existe entre les impôts qui pèsent sur la fortune immobilière et ceux qui frappent la fortune mobilière. Elles exercent leur influence en tout pays; partout la fortune mobilière est moins imposée que l'autre. Cela tient à la force des choses, à la nécessité de ménager un élément de richesse qui, étant très-mobile et très-capricieux, peut disparaître du jour au lendemain.

Il n'y a qu'un moyen de l'atteindre directement, c'est par un impôt général du revenu ou *income-tax*. Mais la commission a rencontré de grandes préventions établies contre ce genre d'impôt, et sans les partager toutes, elle a cru cependant qu'elle devait en tenir compte dans une certaine mesure, et elle a imaginé alors son système qui ne frapperait que quelques revenus. Ceux qu'elle exempte, sont les revenus des immeubles, les rentes sur l'État, et parmi ceux qu'elle atteint elle fait encore des distinctions. Tout ce qui constitue un capital réalisé, les valeurs mobilières proprement dites seront assujetties à une taxe de 3 0/0, quelle que soit la situation de ceux qui les possèdent. Quant aux traitements et aux bénéfices industriels, ils ne payeront l'impôt qu'à partir de 1500 fr. Certains traitements et certains salaires resteront même complétement indemnisés. En revanche, on soumettra à une taxe progressive, qui variera de 5 à 25 0/0 les traitements au-dessus de 5,000 francs. On peut dire d'abord que l'idée de cette progression n'est pas heureuse. S'il y a un danger contre lequel il faille surtout se défendre en établissant sous une forme quelconque l'impôt sur le revenu, c'est à coup sûr celui de le voir dégénérer en taxe progressive, les sociétés démocratiques ne sont que trop disposées à ce qu'il en soit ainsi. — Elles considèrent cet impôt comme n'atteignant que le superflu, et à ce titre elles ne se font aucun surplus de l'augmenter à mesure que la fortune s'élève. Il eût donc été sage de ne pas fournir soi-même des arguments et un précédent en faveur d'un principe que la commission est la première à condamner, et elles les fournit pour le cas qui l'exigeait le moins. De deux choses l'une : ou les traitements que l'État alloue ne sont que suffisants, et il n'y a pas lieu de les réduire d'aucune manière, ou ils sont trop élevés, et alors il faut les diminuer tout simplement. On aura sous forme d'économies ce qu'on espérait obtenir sous forme d'impôt, le résultat sera le même et la forme infiniment meilleure.

Une des raisons qui ont déterminé la Commission à rejeter l'impôt général du revenu, c'est la difficulté de l'établir d'une façon équitable, sans recourir à des moyens vexatoires. Elle n'aime pas la déclaration du contribuable sur laquelle on le fait reposer principalement, elle la croit antipathique à nos mœurs, et d'ailleurs elle ne la juge pas suffisamment efficace pour aire rendre à l'impôt tout ce qu'il devrait produire, elle voudrait un contrôle plus sé-

rieux, et quel contrôle adopter sans tomber dans l'arbitraire? elle
a pensé qu'enétablissant un impôt qui serait retenu par ceux mêmes
qui auront à payer les revenus mobiliers et les traitements, on
éviterait beaucoup d'embarras, et qu'on aurait un contrôle facile;
malheureusement, quand il s'est agi d'atteindre les bénéfices industriels, il a bien fallu en venir à ce qui paraissait la pierre d'achoppe-
ment, c'est-à-dire à la déclaration. Personne, dites-vous, n'aime à
déclarer sa fortune, cela est incontestable; mais ceux qui y répu-
gnent le plus sont précisément les négociants auxquels on l'impose.
Ce n'est pas seulement pour eux une affaire de goût, il s'agit de
leurs intérêts. Tel commerçant qui fait peu d'affaires n'osera pas
le déclarer, de peur de nuire à son crédit. Tel autre qui réalise des
bénéfices considérables, voudra les dissimuler pour ne pas exciter
la concurrence, et pour d'autres raisons encore. Aussi dans tous les
pays où existe l'impôt sur le revenu, ce sont les commerçants et les
industriels qui se plaignent le plus. Par conséquent on n'a pas re-
médié à l'inconvénient qu'on voulait éviter, et on commet en outre
une injustice très-grande en imposant la déclaration aux uns et
ne l'exigeant pas des autres. Le procédé n'en paraîtra que plus
vexatoire.

Maintenant, pourquoi des exceptions? On affranchit les revenus
des immeubles, parce que, dit-on, ils sont déjà suffisamment imposés, et que ce serait les frapper deux fois sous deux formes diffé-
rentes. Mais, cette objection n'existe pas que pour les immeubles,
toutes les sources de la richesse sont déjà atteintes par l'impôt
mobilier qui est censément établi sur le revenu, et les profits industriels payent en outre l'impôt des patentes, qui est bien un prélèvement exercé sur eux. Si donc on veut éviter le double emploi, il ne
faut imposer aucun revenu. Il ne faut pas même songer à créer de
taxe nouvelle, car il n'y en a pas une qui, soit par aggravation, soit
autrement, ne fasse double emploi avec ce qui existe déjà. C'est à
tort qu'on invoque l'exemple de l'Angleterre pour montrer que si
les fermages sont soumis à l'income-tax, la terre est dispensée de
l'impôt foncier. Cet impôt n'existe pas, sauf pour une légère frac-
tion, parce qu'il a été racheté. L'effet est le même en France, celui
qui le paye aujourd'hui n'en est nullement grevé, il a eu soin de le
déduire en achetant son immeuble, et avec les changements de pos-
sesseurs qui ont eu lieu depuis l'établissement de l'impôt foncier,
on peut dire qu'en réalité celui-ci ne pèse plus sur personne. Le pro-
priétaire anglais a de plus à sa charge des taxes locales qui dépassent
de beaucoup nos centimes additionnels. Il en est de même du droit
de patente. Les Anglais ne le connaissent pas, il est vrai, mais ils
ont celui de licence, qui atteint beaucoup d'industries et qui est

proportionnel. Il rapporte à lui seul près de 65 millions. C'est autant que le produit de la patente, en dehors des centimes additionnels, par conséquent les conditions sont à peu près identiques dans les deux pays, et il n'y a pas de raison d'exempter nos revenus plus que ceux de nos voisins. Si on voulait même entrer dans l'examen approfondi de quelques-unes des taxes que la commission propose et qui lui paraissent des plus équitables, on trouverait qu'elles font des doubles emplois excessifs. Ainsi l'impôt de 3 0/0 sur les valeurs mobilières. Cette taxe atteindra particulièrement les actions et obligations de chemins de fer. Or, sait-on ce que paye déjà cette industrie? M. Lavollée, dans un travail fort remarquable, publié dans la *Revue des Deux Mondes*, il y a quelques années, estimait que tant par les économies qu'elle procure en transportant gratuitement la poste, et à prix très-réduit les militaires et les marins, que par les impôts qu'elle acquitte directement, impôt foncier, impôt des patentes, dixième sur le trafic à grande vitesse, elle rapportait au Trésor 92 millions. Le réseau exploité était alors de 13,000 kilomètres. Il doit être aujourd'hui de près de 17, et comme on vient d'ajouter un nouveau dixième sur le trafic des voyageurs, il n'est pas téméraire de supposer que les chemins de fer maintenant fournissent à l'État, sous diverses formes, un revenu équivalent à 150 millions. C'est presque autant que le produit de l'impôt foncier au principal. L'État, il est vrai, a dépensé pour cela, tant en travaux qu'en subventions, environ un milliard; mais il a fait des dépenses égales, sinon supérieures pour les routes et les canaux qui ne lui rapportent rien ou presque rien. Le produit net des chemins de fer ainsi taxés est environ de 450 à 500 millions, répartis entre les actionnaires et les obligataires. Par conséquent le prélèvement opéré par l'État serait du quart. La propriété foncière, même en y comprenant les centimes additionnels, ne paye en moyenne que le septième, et c'est à cette industrie, déjà si chargée, qu'on propose de demander encore 3 0/0 de son revenu, c'est-à-dire une nouvelle somme de 12 à 15 millions.

Nous avons démontré dans un autre travail (1) que le grand inconvénient d'un impôt spécial sur les valeurs mobilières était d'en faire peser le poids sur ceux qui possèdent aujourd'hui, sans atteindre ceux qui posséderont demain. Ceux-ci achèteront sous déduction de l'impôt, et s'il s'agit d'une obligation, par exemple, et qu'elle ne rapporte plus que 14 fr. 50 ou 14 francs net au lieu de 15 francs, ils la payeront en conséquence. C'est donc

----

(1) *Les impôts après la guerre.*

une confiscation pure et simple opérée au préjudice des détenteurs actuels. Cette objection a frappé la commission, et elle a cherché à y répondre en disant « que le revenu sous toutes les formes que peut prendre le capital mobilier (sauf la rente), étant d'un seul et même coup assujetti à une taxe uniforme. l'effet devient général, et que les relations de valeurs sont moins troublées. » — Cette réponse pourrait être bonne s'il n'y avait que le marché français au monde pour le placement des capitaux, mais avec la facilité qu'ont ceux-ci d'aller d'un pays dans un autre, suivant les avantages qu'ils rencontrent, il est difficile d'admettre qu'un impôt un peu lourd qui pèsera sur les valeurs mobilières, ne détourne pas une partie des capitaux de notre marché, et alors la dépréciation des valeurs peut être plus que proportionnelle à la part du revenu qui est enlevé. L'acheteur, maître de la situation, imposera ses conditions au vendeur.

Dans l'impôt qu'on se propose d'établir il faut voir l'effet moral, plus encore que l'effet matériel. Cet impôt est aujourd'hui de 3 0/0; mais on ne peut répondre qu'il restera à ce taux et qu'il ne sera pas le premier augmenté lorsqu'il y aura de nouveaux besoins, surtout si on part de ce principe que la propriété mobilière, étant moins taxée que la fortune immobilière, il y a lieu de les mettre toutes deux sur un pied d'égalité. On peut aller ainsi jusqu'à demander à la première 12 ou 15 0/0 de son revenu. Les capitaux le craindront, et on ne sait pas ce qui peut en résulter ; on peut d'un seul coup, tuer la poule aux œufs d'or, et pour quel avantage ? M. Casimir Périer nous dit, dans son excellent rapport, qu'il espère obtenir de l'impôt sur les revenus, au moins 80 millions. Cette espérance n'est peut-être pas très-fondée. On exempte les profits industriels et les traitements au-dessous de 1,500 francs et on accorde même jusqu'à ce chiffre le bénéfice de l'exemption pour les revenus supérieurs, de telle sorte que celui qui aura pour 2,000 francs de traitements ou de profits, ne payera que pour 500 francs; celui qui en aura pour 2,500, pour 1,000, et ainsi de suite. Or, il faut savoir que dans notre pays, ce sont les petits traitements et les petits profits qui dominent; c'est le contraire en Angleterre, et il est à peu près certain qu'avec de pareilles immunités, les trois quarts au moins des profits et des traitements échapperont à l'impôt; si on fait ensuite la part de la fraude avec les déclarations inexactes, on se demande ce que recevra le fisc. Percevra-t-il l'impôt sur plus de 1 milliard ? Cela est douteux. Quant aux produits de ce qu'on appelle les capitaux réalisés, comprenant les valeurs mobilières proprement dites, les placements hypothécaires chirographaires, on se fait beaucoup d'illusion sur leur importance. La plus grosse

partie provient des chemins de fer et n'atteint pas 500 millions par
an. Mais supposons qu'on ait les 80 millions qu'on espère; ils ne
suffiront pas, puisque la commission n'arrive encore qu'à 530 millions de ressources nouvelles et qu'il en faudra au moins 600 pour
avoir le budget en équilibre.

On a beaucoup hésité, nous apprend le rapport, avant d'accorder
l'immunité aux rentes sur l'État; cette idée a été fortement com-
battue. La majorité s'y est ralliée cependant parce que, dit-on, « il
importe que dans les moments de troubles surtout le respect des
engagements pris soit porté jusqu'au scrupule. » On veut ménager
le crédit de l'État, cela est à merveille, mais il n'y a pas que le crédit de l'État qui ait besoin d'être ménagé, celui de l'industrie et
des affaires est au moins aussi digne d'attention. Que diront les
porteurs d'obligations industrielles auxquels on a promis un revenu
de 15 fr. et qui s'en verront enlever une partie par un prélèvement
au profit du fisc? Croit-on qu'ils seront désormais aussi disposés à
placer leurs capitaux de la même façon? et, s'ils ne le sont plus,
l'industrie et le commerce subiront un préjudice qui sera certaine-
ment, pour les intérêts généraux du pays, supérieur à celui qu'é-
prouverait le crédit de l'État, si on venait à taxer les rentes, indépendamment de l'injustice flagrante qu'il y a à exempter celui qui
possède ainsi 40 et 50,000 francs de revenu et à imposer le malheureux porteur d'une simple obligation. En définitive, tous ceux qui
prêtent à l'État envisagent d'abord le plus ou moins d'assurance
qu'ils ont d'être payés de leurs arrérages. C'est cette considération
qui les guide pour le taux auquel ils prêtent, et s'ils voient que par
suite d'une mauvaise direction financière, la fortune publique qui
leur sert de gage est compromise ou qu'elle ne se développe plus
autant que par le passé, ils seront plus exigeants dans leurs conditions que si la rente elle-même, étant soumise à l'impôt, il ne
peut y avoir de doute sur la solvabilité de l'État. On n'a qu'à examiner ce qui a lieu en Angleterre: les consolidés payent l'income-
tax, les étrangers même n'en sont pas exempts, et cependant le
taux du crédit y est plus élevé qu'en aucun lieu du monde. Du moment qu'on soumettait à l'impôt les revenus mobiliers, les revenus
tangibles comme les appelle la commission, il n'y avait pas de raison
pour en exempter la rente.

IV

Nous comprenons qu'on hésite devant l'établissement de l'impôt
général du revenu. C'est une innovation pour notre pays; et en fait
d'impôts, les innovations sont toujours à redouter : elles peuvent

avoir des effets fâcheux qu'on ne soupçonne pas d'abord. Nous aurions préféré nous-même qu'on pût s'en passer, et demander tout ce dont on avait besoin à des surtaxes indirectes. Cela n'était guère possible ; on aurait épuisé la source de ces impôts, amené un renchérissement trop sensible dans les produits, et arrêté le travail. On a donc dû chercher ailleurs, et la taxe sur le revenu s'est présentée comme une nécessité. Mais, du moment qu'il en était ainsi, il ne fallait pas prendre la question par le petit côté, faire des distinctions qui ne sont nullement justifiées, et qui empêcheront la taxe d'avoir toute sa valeur. Il faut l'établir d'une façon générale, telle qu'elle existe en Angleterre, aux États-Unis, en Allemagne, etc., telle que l'équité la conseille, et ne pas avoir la prétention d'être plus habile et mieux avisé que les autres peuples. On peut discuter sur le chiffre auquel s'arrêtera l'immunité ; on peut même n'en établir aucune, pour avoir un impôt plus modéré et en même temps plus productif. Mais on n'a pas le droit de créer des distinctions entre les revenus, d'épargner les uns et de frapper les autres. Ceux qu'on exempte devraient y être assujettis les premiers. Ainsi, on épargne la fortune acquise, stable, l'oisiveté peut-être, avec les revenus des immeubles, et on frappe la fortune en voie de formation, la fortune incertaine, le travail par les salaires et les bénéfices industriels. Ces inconséquences sont graves, on en pourrait signaler d'autres. L'impôt général a l'avantage au moins de ne créer de privilèges pour personne ; et comme il ne vise pas certains revenus en particulier, qu'il est perçu sur l'ensemble de la fortune, il n'a pas l'effet fâcheux des impôts spéciaux ; ce n'est plus une confiscation partielle au préjudice de celui qui possède aujourd'hui, sans dommage pour celui qui possédera demain, on payera toujours en raison de son revenu. Enfin, la taxe générale fait cesser l'anomalie choquante qui existe en faveur de la rente ; celle-ci est atteinte comme tout le reste, et personne n'accusera l'État de manquer à ses engagements, parce qu'en établissant un impôt général, il n'en exemptera pas ses créanciers. Assurément, la taxe sur le revenu donnera lieu à beaucoup de fraudes ; les déclarations ne seront pas également sincères chez tout le monde ; mais c'est déjà l'inconvénient d'un certain nombre de taxes. Pour les douanes, les octrois, les mutations, pour plusieurs autres contributions indirectes, on s'en rapporte le plus souvent aux déclarations. Le fisc y perd quelque chose, mais il épargne aux contribuables les vexations qui résultent d'un contrôle trop sévère. Il faudra agir de même pour l'impôt sur le revenu ; mettre dans la loi des moyens de contrôle, mais s'en servir le moins possible. C'est à cette condition que la taxe sera tolérable.

Du reste, il y a un contrôle naturel qui, sans vexation aucune, ne manque pas d'efficacité, c'est celui de la notoriété publique. Il est difficile à une personne qui a une certaine position de fortune, et qui vit sous les yeux de ses voisins, d'en dissimuler une trop forte partie; le respect de l'opinion l'en empêche. En Angleterre, on ne conteste les déclarations que lorsqu'elles sont contraires à cette notoriété. Ce qu'on redoute dans l'impôt du revenu, c'est moins ce qu'on devra payer, que l'inquisition à laquelle on craint d'être soumis de la part des agents du fisc. Faites disparaître cette crainte, beaucoup de répugnances cesseront, et l'income-tax pourra être établi en France comme ailleurs. On insulte gratuitement le caractère national, en disant qu'on ne peut pas compter sur notre loyauté et notre bonne foi, comme sur celle de nos voisins d'outre-Manche. Il y a en Angleterre, comme partout, des gens qui ne se font aucun scrupule de tromper le fisc. On en a cité des exemples scandaleux; mais ce sont des exceptions. La masse est honnête : elle comprend la nécessité des taxes, et paye celle du revenu comme les autres. Il en sera de même en France, les fraudes seront l'exception, et on peut espérer même que, sans autre moyen que la déclaration, on tirera de l'impôt à peu près ce qu'il peut rapporter. Le moins qu'on puisse en attendre à notre avis sur le pied de 3 0/0 serait de 120 à 130 millions, en exemptant seulement les revenus inférieurs à 1,200 francs. C'est déjà 40 millions de plus que le projet de la Commission. Si, maintenant, aux surtaxes indirectes, on ne craint pas d'en ajouter encore une qui est parfaitement légitime, qui serait très-bien acceptée quoi qu'on en en dise, et qu'on ne néglige que par respect pour une fausse popularité, si on ajoute un 2ᵉ décime sur le sel, qui donnerait une trentaine de millions, on arrive à 70 millions de plus, c'est-à-dire aux 600 millions, qui sont le minimum de nos besoins, on en aurait 630, en rétablissant cet impôt du sel tel qu'il existait avant 1848.

Enfin, il y a une raison d'ordre moral qui recommande aujourd'hui particulièrement l'impôt sur le revenu; il sera considéré comme la rançon des gens riches, comme la part qu'ils veulent prendre directement dans les charges qui nous accablent. Sans doute l'impôt, quelque forme qu'il prenne, retombe toujours sur ceux qui peuvent le supporter; et si le revenu est épargné directement, il paye indirectement par la consommation. Mais ce n'est pas ainsi que le public envisage les choses : il ne voit que l'effet immédiat; et comme celui-ci est, pour la contribution directe, d'atteindre d'abord les gens riches, et pour la contribution indirecte, de frapper particulièrement les classes pauvres, qui, étant les plus nombreuses, consomment davantage, le public en conclut que la taxe est à l'adresse des uns et des autres, suivant la forme qu'elle prend. Il faut ménager ce sentiment, et lui seul devrait suffire, dans les circonstances actuelles, pour nous faire essayer l'impôt sur le revenu. Si on ne l'essaye pas, il restera dans l'opinion comme une panacée qui aurait pu guérir bien des maux, mettre le budget en équilibre, et rétablir la balance en faveur des classes ouvrières; on accusera les classes élevées d'égoïsme, et cela ne contribuera pas à l'apaisement des esprits. Seulement, en l'établissant, il faut prendre les précautions nécessaires pour qu'on n'en abuse pas, et ne pas craindre de dire, par exemple, qu'on ne l'admet qu'à titre provisoire, comme un expédient pour faire face aux nécessités présentes, et que ce sera le premier à réduire aussitôt que ces nécessités n'existeront plus, et qu'on aura des excédants, jusqu'à ce qu'il disparaisse complétement.

En résumé donc, il y a trois choses à faire aujourd'hui, et qui sont essentielles pour le bon état de nos finances : 1° maintenir d'une manière permanente à l'amortissement les 200 millions par an qui n'y ont été affectés que provisoirement pour rembourser la créance de la Banque de France; 2° se procurer des ressources assez larges pour faire face à tous nos besoins prévus et imprévus, et mettre facilement notre budget en équilibre; 3° enfin, recourir à une taxe qui est indiquée par les circonstances, et qui nous aidera le mieux à réaliser cet équilibre, la taxe sur le revenu.

Victor BONNET.

PARIS. — Typ. de A. PARENT, rue Monsieur-le-Prince, 31. — 1871